This Notebook Belongs To

www.ingramcontent.com/pod-product-compliance
Lightning Source LLC
LaVergne TN
LVHW060210080526
838202LV00052B/4228
* 9 7 8 6 4 9 3 0 4 6 1 2 1 *